元代
武功第一

◎ 主编 金开诚

◎ 编著 于元

吉林出版集团
吉林文史出版社

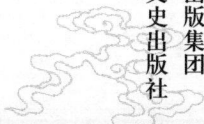

图书在版编目（CIP）数据

元代：武功第一 / 金开诚著. －－ 长春：
吉林出版集团有限责任公司:吉林文史出版社，2010.11（2023.4重印）
ISBN 978-7-5472-0891-5

Ⅰ. ①元… Ⅱ. ①金… Ⅲ. ①中国历史－元代
Ⅳ. ①K247

中国版本图书馆CIP数据核字 (2011) 第209636号

元代——武功第一

YUANDAI WUGONG DIYI

主编／ 金开诚 　编著／于元

项目负责／崔博华 　责任编辑／崔博华 　梁丹丹

责任校对／梁丹丹 　装帧设计／李岩冰 　董晓丽

出版发行／吉林出版集团有限责任公司 　吉林文史出版社

地址／长春市福祉大路5788号 　邮编／130000

印刷／天津市天玺印务有限公司

版次／2010年11月第1版 　印次／2023年4月第3次印刷

开本／660mm×915mm 　1/16

印张／9 　字数／30千

书号／ISBN 978-7-5472-0891-5

定价／34.80元

前　言

　　文化是一种社会现象，是人类物质文明和精神文明有机融合的产物；同时又是一种历史现象，是社会的历史沉积。当今世界，随着经济全球化进程的加快，人们也越来越重视本民族的文化。我们只有加强对本民族文化的继承和创新，才能更好地弘扬民族精神，增强民族凝聚力。历史经验告诉我们，任何一个民族要想屹立于世界民族之林，必须具有自尊、自信、自强的民族意识。文化是维系一个民族生存和发展的强大动力。一个民族的存在依赖文化，文化的解体就是一个民族的消亡。

　　随着我国综合国力的日益强大，广大民众对重塑民族自尊心和自豪感的愿望日益迫切。作为民族大家庭中的一员，将源远流长、博大精深的中国文化继承并传播给广大群众，特别是青年一代，是我们出版人义不容辞的责任。

　　本套丛书是由吉林文史出版社组织国内知名专家学者编写的一套旨在传播中华五千年优秀传统文化，提高全民文化修养的大型知识读本。该书在深入挖掘和整理中华优秀传统文化成果的同时，结合社会发展，注入了时代精神。书中优美生动的文字、简明通俗的语言、图文并茂的形式，把中国文化中的物态文化、制度文化、行为文化、精神文化等知识要点全面展示给读者。点点滴滴的文化知识仿佛颗颗繁星，组成了灿烂辉煌的中国文化的天穹。

　　希望本书能为弘扬中华五千年优秀传统文化、增强各民族团结、构建社会主义和谐社会尽一份绵薄之力，也坚信我们的中华民族一定能够早日实现伟大复兴！

目录

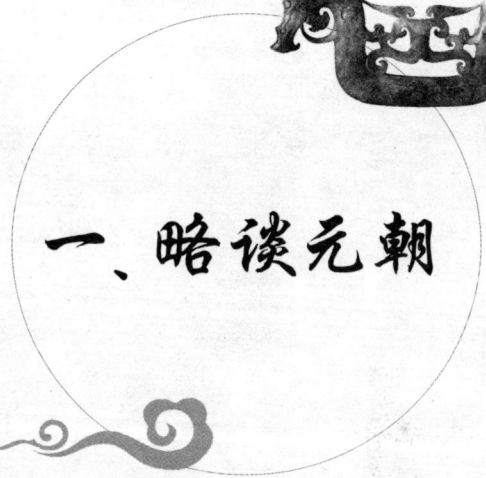

一、略谈元朝

元朝（1271—1368年）又称大元，是中国历史上第一个由少数民族（蒙古族）建立的统治全国的封建王朝。1206年，铁木真建立蒙古汗国。1271年，忽必烈改国号为"大元"，取《易经》中"大哉乾元"之意。元朝疆域空前广阔，但同以前的唐、宋和以后的明、清王朝相比，元朝存续的时间比较短。但是，元朝历史波澜壮阔，丰富多彩，对中国历史乃至世界历史

的进程都有重大的影响。

蒙古族是历史悠久的民族，长期生活在蒙古高原，其直系祖先是和鲜卑、契丹属同一语系的室韦部落。隋唐时代，他们分布在契丹之北、鞑靼之西、突厥之东，即今洮儿河以北，东起嫩江、西至呼伦贝尔的广大地域。

室韦人曾受突厥统治，突厥人多称之为鞑靼。唐贞观年间（627—649年），突厥势衰，室韦人归附唐朝。继突厥而起的回鹘政权崩溃后，室韦人大批进入大漠南北。大约在9—11世纪，其中的一支蒙兀室韦从望建河（今额尔古纳河）下游之东西迁至斡难河（今鄂嫩河）、克鲁伦河和土剌河（今图拉河）三河上游一带，分成许多部落，有合木黑、蔑儿乞、塔塔儿、克烈、乃蛮、斡亦剌等。这些部落发展很不平衡，先后受辽国和金国的统治。12世纪时，这些部落有的在森林里打猎，有的在草原上游牧，只有少数部落经营农业。

这时，他们通过同中原的贸易获得了大量铁器，从而推动了生产发展，阶级分化开始了。

为了掠夺财富，各部落的奴隶主开始你争我夺，互相厮杀起来。

随着金国的衰落，蒙古的势力开始强大起来，不想继续接受金国的统治了。

为了镇压蒙古的反抗斗争，金国每年派军队到蒙古"减丁"，即把精壮的男子活活杀死。蒙古部落联盟曾经组织了多次反抗斗争，几代人为此付出了鲜血与生命。金熙宗皇统六年（1146年），铁木真的祖先俺巴孩汗被金熙宗以"惩治叛部法"的名义钉死在木驴上。在这种社会环境下出生的铁木真，自然将推翻金国的统治视为一生中最为主要的奋斗目标。

金章宗泰和四年（1204年），铁木真

通过战争统一了蒙古高原上的各蒙古部落。从此，蒙古草原结束了长期混战的局面。

泰和六年（1206年），铁木真建立了蒙古汗国，我国历史上的元代就是在蒙古汗国的基础上发展起来的。元代是蒙古武功的产物，而元代建立后的一切文治被视为蒙古武功的延续，是在蒙古武功打造的和平环境下得以实施的。

元朝的统一在中国历史上具有深远的意义，它结束了唐末以来五代十国和

宋、辽、金、西夏几个政权并立的政治局面，奠定了元、明、清六百多年国家长期统一的政治局面；它促进了国内各族人民之间经济文化的交流和边疆地区的开发，进一步促进了我国统一的多民族国家的巩固和发展；为我国科学技术的发展创造了良好的条件，加强了中外文化交流和中西交通的发展。

元朝的历史可分为三个阶段：第一阶段是前四汗时期，第二阶段是盛元时期，第三阶段是后九帝时期。

二、武功赫赫的前四汗

（一）成吉思汗

马克思在《马克思印度史编年稿》中说："成吉思汗戎马倥偬，征战终生，统一了蒙古，为中国统一而战，祖孙三代鏖战六七十年，其后征服民族多至七百二十部。"马克思还说："他的帝国的疆土从里海一直延伸到北京，南面伸展到印度洋和喜马拉雅山，西面到阿斯特拉汗和嘉桑。他卒后这个帝国分为钦察汗国、伊儿汗国、察合台汗国、窝阔台汗国和元朝；前四部分由汗统治；最后一部为帝国的主要部分，由大汗直接统治。"

拿破仑说："我不如成吉思汗。不要以为蒙古大军入侵欧洲是亚洲散沙在盲目移动，这个游牧民族有严格的军事组织和深思熟虑的指挥，他们要比对手精明得多。"

孙中山说："亚洲早期最强大的民族之中以蒙古人居首位。""元朝时期几乎整个欧洲被元朝所占领，远比中国之前最强盛时期更强大。"

毛泽东将成吉思汗称为"一代天骄"，将他与中国历史上著名的帝王秦皇、汉武、唐宗、宋祖相提并论。

元太祖铁木真是蒙古族孛儿只斤部酋长也速该的儿子，生于金大

定二年（1162年）。

铁木真幼年时，金统治者对蒙古民族实行残酷的统治。在浩瀚的蒙古草原上，分布着许许多多蒙古部落。各部落之间为了争夺水草，常常互相攻打。铁木真降生时，恰逢他父亲在作战时俘获了一名勇士叫铁木真。于是，父亲给他命名铁木真，希望勇士铁木真的神勇能传给儿子。

在金朝统治下，蒙古人的生活十分困苦，就像奴隶一样，连生命也没有保障，铁木真的祖先俺巴孩就是被金朝皇帝杀害的。当时，中国北方区域处在金朝统治之下。大漠南北草原各部各自独立，互不统属。金对其实行"分而治之"和屠杀掠夺的"减丁"政策。

铁木真9岁那年，一天，也速该带着他到一个朋友家去为他定亲。事情办得

很顺利，也速该便把铁木真留在朋友家里，然后独自回家了。

也速该走了很远的路，肚子饿了，想找点东西吃。这时，他发现一群塔塔儿部的牧民正在草原上举行宴会，便下马走进人群，按照当地风俗参加了塔塔儿人的宴会。

过去，塔塔儿部和孛儿只斤部曾经打过仗。因为是常事，时间过去很久也速该竟淡忘了。不想在宴会上，塔塔儿部有人认出了也速该，竟偷偷地在也速该吃的食物里放了毒药。也速该吃饱喝足，在回家的路上，忽然肚子剧烈地疼痛起来，到家不久就咽了气。

也速该死后，孛儿只斤部失掉了首领，很快就散伙了。原来归附也速该的泰亦赤部也脱离他们，并带走了不少奴隶和牲畜。从此，铁木真和家人陷入了窘境。

泰亦赤部的首领怕铁木真长大后报仇，就带人捉拿铁木真，想杀掉他。铁木真连忙逃到森林里，躲了九天九夜没吃没喝，后来实在忍不住饥饿就走了出来。他刚走出森林，就被泰亦赤人抓住了。泰亦赤人给他戴上木枷，带他到各个营帐去示众。

有一天，泰亦赤部在斡难河之畔举行宴会，只留下

一个年轻人监视铁木真。铁木真趁看守不备时，举起木枷将他砸昏，然后逃了出来。

铁木真跑回家，带上母亲、弟弟和妹妹躲进深山，捉野鼠当饭吃，渴了就喝山泉和溪水，日子过得极其艰苦，像野人一样。

铁木真在这种生活状况下，养成了艰苦奋斗的精神。他百折不挠，雄心勃勃。为了恢复父亲的事业，他跋山涉水，想尽办法，渐渐地把本部落失散的亲属和百姓重新聚拢在一起。他英勇善战，足智多谋，在跟敌对部落的战斗中屡战屡胜，渐渐强大起来。

铁木真同另一个部落的首领札木合从小在一起长大，好得像亲兄弟一样。铁木真部落强大起来后，札木合的部下有人投奔了铁木真，为此札木合很不高兴。有一天，札木合的弟弟抢夺铁木真的马群，被铁木真部下杀了，双方发生了冲突。札木合集合三万人马攻打铁木真，铁木真也不示弱，率部下三万人马抵抗札木合的进攻。双方在斡难河畔的草原上展开了一场激战，铁木真败退了。札木合获胜后，把抓住的战俘成批杀害，引起札木合部下的不满，纷纷脱离札木合投奔铁木真。这次大战，铁木真虽然打了败仗，实力却更加强大了。

铁木真缅怀父亲，没有忘记杀害他父亲的仇人塔塔儿部首领蔑古真。不久，金朝派丞相完颜襄约铁木真进攻塔塔儿部。铁木真见报仇的机会到了，立即率军和金兵夹击塔塔儿部。塔塔儿

部全军覆没，铁木真俘获了大批塔塔儿人和牲畜，实力进一步壮大了。

金朝统治者见铁木真立了大功，封铁木真为前锋官。

金泰和三年（1203年），克烈部首领王罕见铁木真智勇双全，十分喜爱他，将他收为长子。不料这一举动引起王罕之子桑昆的妒忌，与铁木真结下了深仇。札木合鼓动桑昆联合王罕夹击铁木真，铁木真大败，他的军队只剩下四千多人了。

铁木真逃到贝尔湖以东，总算避过了一劫。

这年秋天，铁木真突发奇兵，袭击王罕驻地，以少胜多，仅用三天就彻底消灭了克烈部。

金泰和六年（1206年），札木合被他的叛将送到铁木真手里，札木合请死，铁木真成全了他。

接着，铁木真征服了蒙古草原各部，

在斡难河源头召开大会，被各部尊为成吉思汗，意为宇宙的大汗。从此，蒙古帝国走上了历史的舞台。

成吉思汗即位后，建立了军事和政治制度，使蒙古国成了一个强大的国家。

成吉思汗把蒙古牧民划分和固定在95个千户中。千户下设百户、十户。千户长（蒙语称那颜）都是成吉思汗的封臣，各千户内的牧民不能任意离开千户组织，对那颜有人身隶属关系。成吉思汗把一部分千户作为领民分给诸弟和诸子，形成左右手诸王。他又以木华黎、博尔术为左右万户那颜，即两个最大的军事长官。他把怯薛（禁卫军）扩充到一万人，征调千户那颜、百户长、十户长的子弟充当怯薛，形同人质，以此控制全国。蒙古国建立后，大批原来的部落人口

被分编在不同的千户中，部落的界限从而消失，开始形成共同的蒙古民族。成吉思汗此举对历史进程起了积极的作用。

这时，金朝还把蒙古当做它的附属国，要成吉思汗继续进贡。成吉思汗立志要改变这种屈辱的地位。

成吉思汗六年（1211年），成吉思汗登上高山向上天祈祷："金朝皇帝杀害了我的祖先俺巴孩，请允许我报这个仇吧！"祈祷完毕，他选了三千名精锐骑

兵南下进攻金国的西京（今山西省大同市）。金将胡沙虎畏敌如虎，不战而逃。

两年后，蒙古军打进居庸关，围攻中京（今北京）。

成吉思汗同他的四个儿子分兵五路，在河北广大平原上横冲直闯，所向披靡，如入无人之境。

这时，金朝发生内乱，金主完颜永济被杀，新即位的金宣宗不得不向成吉思汗求和，献出大批金帛，还把公主嫁给了成吉思汗，成吉思汗这才撤兵回去。

成吉思汗十四年（1219年），成吉思汗派遣一支商队到西方去进行贸易。当这支商队途经花刺子模（在今里海东，咸海西）时，499名和平商人都被当地一个督统杀害了。接着，花刺子模国王又武断地杀死了成吉思汗派去交涉的政使。成吉思汗闻讯大怒，亲自率领二十万蒙古大军攻打花刺子模。接着，又向西进军，占领了现在的中亚细亚各国，前锋一直打到

现在的欧洲东部和伊朗北部。

关于远征花剌子模之役，印度前总理尼赫鲁说，成吉思汗本想停止扩张，并不打算攻占西方诸国，而是想同花剌子模沙阿汗和平相处，但沙阿汗的一个督统杀了蒙古商人。在这种情况下，成吉思汗仍然希望和平相处，派使团要求处理杀死蒙古商人的督统。沙阿汗不但没同意成吉思汗的要求，反而杀了使团团长，其余的使团成员被剃光胡须押出国境。

成吉思汗当然不能忍受这种侮辱，做好

准备后大举进攻并且摧毁了花剌子模，

成吉思汗马蹄所至之处几无人烟。人们

把成吉思汗描写得非常残忍，可是同时代

的其他征服者也没有什么两样。当时，侵

入印度的阿富汗人也很残忍，凡是男人一

个不留，女人都成了俘虏。沙阿汗杀了成

吉思汗的使者，这是血仇，因此成吉思汗

攻打花剌子模，为死者报了仇。成吉思汗

在其他地方也进行过大规模的破坏，但是破坏程度比花刺子模要轻一些。

成吉思汗这次西征前，曾要西夏发兵助战，西夏拒绝出兵，还和金国结成了同盟。

成吉思汗从欧洲回来后，决心灭掉西夏。

成吉思汗二十二年（1227年），在围攻西夏都城的最关键时刻，成吉思汗去世了。西夏投降后，其子才为成吉思汗发丧。

成吉思汗死后七年，他的儿子窝阔台终于灭了金国。

为适应攻城需要，成吉思汗建立了

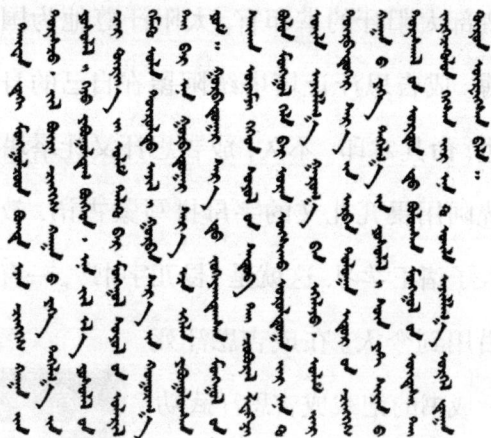

炮军，攻城以炮石为先，一次用炮达数百座，顷刻之间便能破城。为吸取各民族的先进技术，攻城后不杀工匠，将他们组成工匠军，设厂冶铁，制造兵器。成吉思汗在通信联络上创建了"箭速传骑"，一日能行数百里，使军令传递和军队调遣速度大为提高。成吉思汗善于发挥骑兵的特长，蒙古铁骑有如暴风骤雨，人称"蒙古旋风"。

蒙古族原来没有文字，只靠结草刻木记事。成吉思汗攻灭乃蛮部时，俘获了一个名叫塔塔统阿的畏兀儿人。他是乃蛮部太阳汗的掌印官,太阳汗尊他为国傅。成吉思汗让塔塔统阿留在自己的身边,命其掌印。不久,成吉思汗又让塔塔统阿用畏兀儿文的字母拼写蒙古语,教太子诸王学习,这就是"畏兀字书",一直沿用到今天。在成吉思汗死后成书的记载成吉思汗武功的《蒙古秘史》,就是用这种畏兀字书写成的。

为了守住武功的成果,成吉思汗提倡宗教信仰自由。成吉思汗及其子孙建立的蒙古汗国横跨欧亚两洲,当时世界上的各种宗教在其统治范围内应有尽有,如蒙古人原来信奉的萨满教,西藏、西夏和汉人信奉的佛教,金国和南宋的道教、摩尼教,畏兀儿和中亚各国信奉的伊斯兰教,蒙古高原一

些部落乃至钦察、斡罗思（俄罗斯）各国信奉的基督教等等。成吉思汗征服这些地区后，并不强迫被征服者改信蒙古人的宗教，而是宣扬信教自由，允许各教派同时存在，而且允许蒙古人自由参加各种教派，对教徒基本上免除赋税和徭役。这一政策在一定程度上减少了被征服者的反抗，对蒙古统治发挥了积极的作用。

（二）窝阔台汗

成吉思汗的正妻孛儿帖生有四个儿子：长子术赤、次子察合台、三子窝阔台、四子拖雷。他们少年时代就随父出征，能征惯战，为蒙古帝国立下了汗马功劳。他们好比帝国的四根台柱，成吉思汗按照四个儿子的特长与才能，让术赤管狩猎，察合台掌法令，窝阔台主朝政，拖雷统军队。

西征时，忽兰夫人对成吉思汗说："诸皇子中，嫡子有四人，主上万岁后应由何人继承？"成吉思汗认为此言有理，当下召见诸弟和诸子，议定将来由窝阔台为汗位继承人。

后来，成吉思汗临死前，再次把诸子召到身边，要他们服从窝阔台的领导，兄弟间要精诚团结。

不久，成吉思汗病死。由

于蒙古的诸王大会制仍然在起作用，必须等待大会的最后决定，所以窝阔台不能因父亲的遗命即位。

在汗位空悬的两年里，蒙古汗国的军政由成吉思汗的四子拖雷、女儿阿剌海别处理，两人因此被称为"监国皇子"和"监国公主"。

窝阔台是成吉思汗第三子，早年随父亲征服漠北诸部，参与西征、攻金、灭西夏等战争。

经诸王大会选举，窝阔台即大汗位，史称元太宗。其时，有人反对成吉思汗的遗命，主张立幼子拖雷。大会争议了40天，因长子术赤已死，次子察合台全力支持窝阔台，拖雷势力孤单，只得拥立其兄窝阔台即位。

阿剌海别虽是监国公主，但由于她是女子，她及她的儿孙不可能继承汗位；

而同样曾为监国的拖雷就大不一样了。拖雷在成吉思汗诸子中身份特殊。因为他是成吉思汗嫡妻孛儿帖为成吉思汗所生的最小的儿子，而蒙古人有"幼子守产"的习俗，拖雷虽未能得到父亲的汗位，却得到了父亲绝大部分的财产，其中包括营地、家室、财库、军队。其中光是军户一项，四子拖雷名下就有十万一千户，而新任大汗三子窝阔台却只有四千户。

窝阔台称汗五年后，蒙古人联宋灭金。就在南征北返的路上，蒙古诸王中实力最为雄厚的拖雷神秘地死去，其实就是被窝阔台用慢性毒药毒死了。

窝阔台称汗后，采纳耶律楚材的建议，进行了一系列改革。

耶律楚材是辽太祖耶律阿保机的九世孙，自幼学习汉籍，精通汉文，博览群书，旁通天文、地理、律历、术数及释老医卜之说，下笔为文，浑然天成，曾做过金国开州同知、左右司员外郎。

成吉思汗十年（1215年），蒙古军攻占燕京，成吉思汗听说耶律楚材才华横溢，满腹经纶，便派人向他咨询治国大计。耶律楚材早已对腐朽的金王朝失去信心，便决定辅佐成吉思汗，拯救水深火热中的中原百姓。

成吉思汗十四年（1219年），耶律楚材随成吉思汗西征，向成吉思汗讲授征伐、治国、安民之道，屡立奇功，备受器重。

成吉思汗二十一年（1226年），耶律楚材随成吉思汗征西夏，建议禁止州郡官吏擅自征税，杀戮百姓，使贪暴之风有所收敛。

窝阔台即位后，耶律楚材倡立朝仪，劝亲王察合台等人行君臣之礼，以尊汗权。从此，耶律楚材日益受到重用，被誉为社稷之臣。窝阔台令其执掌中原地区赋税事宜，于是耶律楚材建议颁行《便宜一十八事》，设立州郡长官，使军民分治；制定初步法令，反对改汉地为牧场；建立赋税制度，设置燕京等十路课税所。

元太宗三年（1231年），耶律楚材出任中书令，即丞相。此后，他积极恢复文治，逐步实施以儒治国的方案，定制度、议礼乐、立宗庙、建宫室、创学校、设科举、拔隐逸、访遗老、举贤良、求方正、劝农桑、抑游惰、省刑罚、薄赋敛、尚名节、斥纵横、去冗员、黜酷吏、崇孝悌、赈困穷。

耶律楚材在政治、经济、文化各方面
殚精竭虑，创建颇多。主要有保护农业，
实行封建赋税制度；改革政治体制，提拔
重用儒臣；反对屠杀，保护百姓生命；禁
止掠民侵民，实行编户制度；反对滥行课
税，禁止以权谋私；主张尊孔重教，整理
儒家经典。

在耶律楚材的努力下，新兴的蒙古贵
族逐渐放弃了落后的游牧生活方式，采
用汉族以儒教为中心的传统思想和制度
来治理中原，中原封建农业文明得以保存
和发展。

耶律楚材在成吉思汗、窝阔台汗两
朝辅政近三十年，病逝时，许多蒙古人都
哭了，如同丧失亲人一样。汉族的士大夫
更是挥泪凭吊这位仁及汉人的功勋卓著

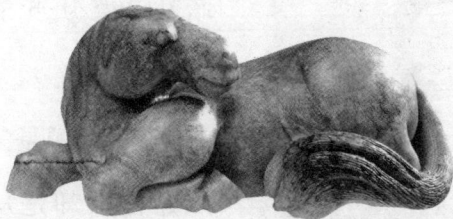

的契丹政治家。蒙古国内数日不闻乐声，人们都为这位长者致哀。

窝阔台在位期间，制定蒙古地区值百抽一的赋税制；无水处挖井，迁牧民居住；设驿站，制定驿站服役制度，加强了蒙古本土与占领地区之间的联系。

元太宗七年（1235年），窝阔台下令大建蒙古首都哈拉和林城（位于今蒙古国首都乌兰巴托以西384公里）。从匈奴开始到突厥、回纥，都把这里作为政治中心，其地理位置也正好在蒙古高原的中部。元太祖十五年（1220年），成吉思汗选择这里作为都城，哈拉和林从此成了四方朝圣、八方进贡之地。但是，兴建宫殿却是从

窝阔台当政时期开始的。直到忽必烈迁都燕京，这里一直是蒙古帝国的中心。

窝阔台成立燕京编修所和平阳经籍所，封孔子五十一世孙孔元措为衍圣公，修建孔庙，召试诸路儒士，中选者除任本地议事官外，还有四千零三十人被免除赋税。

元太宗三年（1231年），窝阔台与成吉思汗第四子拖雷等率军大举进攻金国。

元太宗四年（1232年），蒙军歼灭金军主力于钧州（今河南禹县）三峰山，进围汴京（今河南开封）。

元太宗六年（1234年），蒙军灭了金国。

金国灭亡后，蒙古与南宋接壤，双方

的冲突日渐加剧,拉开了长达45年灭宋之战的序幕。在南方战线僵持不下之时,蒙古大军的铁蹄转往东方的高丽,并使他们臣服。

元太宗七年(1235年),窝阔台召集诸王大会,决定西征。

元太宗八年(1236年)春,窝阔台命令术赤的长子拔都、察合台的长子拜答儿、自己的长子贵由、拖雷的长子蒙哥率军西征,以拔都为统帅,共15万大军,自各地出发,秋季抵伏尔加河东岸集中。这次远征因诸王、那颜均派长子从征,史称"长子出征"。

这次西征历时七年,相继攻灭不里阿耳(在今伏尔加河上游)、钦察(里海、黑海以北之突厥语部族)、斡罗思(俄罗斯)

诸国。元太宗十二年（1240年），攻破乞瓦（今基辅），随后分路侵入孛烈儿（今波兰）、马札儿（今匈牙利）。次年连破布达、佩斯，进军至维也纳附近。

元太宗十三年（1241年）十一月初八，窝阔台因酗酒暴毙。窝阔台死讯传至，西征戛然而止。

蒙古回军后，拔都在征服地建立金帐汗国，定都萨莱城（今俄罗斯伏尔加河下游之萨拉托夫），统治斡罗斯达二百余年。

（三）贵由汗

窝阔台去世后，五年间一直都由其皇后乃马真氏主政，直到窝阔台长子贵由继任为止。贵由汗在位三年（1246—1248年），史称元定宗，享年43岁。

贵由曾随诸王伐金，在西征中也立有战功。

窝阔台生前最宠爱的是贵由的三弟
阔出，并决定令其即位。可是阔出却在元
太宗八年（1236年）侵宋时战死，窝阔台
悲痛万分，又想让阔出的长子失烈门作
继承人。

窝阔台临死前，立皇孙失烈门为嗣，
但皇后乃马真氏决定等贵由回来后继承
汗位。

窝阔台死后，成吉思汗的幼弟斡赤斤
欲夺汗位，率兵来到都城。乃马真氏遣使
诘问他，他只得引兵退回驻地。

按照蒙古习俗，汗位的继承人要经
过诸王大会选举决定，乃马真氏便召
集各宗王和将领到都城推选新汗。
当时在诸王中，西征军统帅拔都威望
最高，可是他与贵由不和，因而反对贵由
出任大汗，以患病为由拒不赴会，致使诸
王大会不能如期举行，因此只得由乃马真
氏摄政，长达五年。

直到元定宗元年（1246年）秋，拔都

才派其弟别儿哥代表他出席诸王大会。由于乃马真氏力争，大会达成协议，推举贵由为新的大汗。

乃马真氏称制时，商人奥都剌合蛮和波斯女巫法提玛等人获宠，自拟法令，对推行汉法的耶律楚材加以排斥，致使内政败坏，法度紊乱，民力困乏。

贵由即位后不久，乃马真氏病逝，贵由开始着手整饬朝政。首先，他指派皇弟蒙哥调查斡赤斤图谋汗位之事，并处死了斡赤斤及其一些官员。接着，又杀死了奥都剌合蛮，将女巫法提玛沉入水中溺死，起用被其母亲罢免的官员。

贵由在位时间虽短，但他为人刚毅，

做事果断，神情严肃，不苟言笑。他重用前朝重臣整肃吏治，对陷害忠良，搜刮民财，胡作非为的人绝不手软。

接着，贵由继续向外用兵，征服西藏，并占领了河套地区。

贵由与堂弟拔都早在西征中就不和，后来拔都又反对贵由即位，因而双方结怨很深。

元定宗二年（1247年）秋，贵由任命野里知带为征西军统帅，率兵西进，统辖波斯地区，与拔都抗衡。

第二年春，贵由亲率大军西进。这时，拖雷之妻唆鲁和帖尼察觉贵由动机后，秘密通报拔都。拔都获信后，立即整军备战。

元定宗三年（1248年）三月，贵由在西进途中突然病死，从而避免了一场皇室内部的争战。

对于贵由大汗的死因有多种说法，大多数人认为贵由汗是被拔都派人刺杀或毒死的。

当时，诸王各自盘据一方，鱼肉百姓，民怨四起，蒙古帝国初期开创的稳定局面尽遭破坏。

元定宗死后，皇后海迷失抱失烈门听政，诸王大多表示反对，朝内争论不已，乃至三年无君，国内混乱不堪。

后来，在拔都提议下，拖雷的儿子蒙哥登上了汗位。

（四）蒙哥汗

蒙哥是蒙古帝国第四位大汗，史称元宪宗。

拖雷是成吉思汗第四子，拖雷正妻唆鲁禾帖尼生了蒙哥、忽必烈、旭烈兀、阿里不哥等四个儿子。

蒙哥沉默寡言，不好侈靡，喜欢打猎。

元太宗七年（1235年），蒙哥与拔都、贵由西征，屡立战功。

元宪宗元年（1251年），蒙哥被拔都等拥立，做了蒙古大汗。

蒙哥即位时43岁，是继成吉思汗之后最杰出的蒙古大汗。他加强了行政管理机构，把蒙古帝国建设成一个正规的大国。

元宪宗二年（1252年），命忽必烈南征大理，也古东征高丽。次年，又遣三弟旭烈兀西征，塔塔儿带撒里等远征欣都思（印度）、

怯失迷儿（克什米尔）等国。

元宪宗三年（1253年），忽必烈率领十万大军分兵三路进攻大理国。忽必烈亲率中路军于十月渡过大渡河，进抵金沙江，用皮筏渡江，向大理国都城进军。忽必烈采纳姚枢等人的建议，改变了过去蒙古军的屠城恶习，下达了"止杀之令"，并派使者到大理国都城羊苴咩城劝降。

大理相国高太祥主战，杀了使者。忽必烈于12月进军龙首关，直逼羊苴咩城，大理王段智兴、高太祥出战，遭到惨败。

12月12日，羊苴咩城被攻破，高太祥被杀，段智兴出逃，次年春天在宜良被俘。至此，存续三百余年的

段氏大理国宣告灭亡。此后，云南以一个行省的形式被纳入元朝版图，云南的政治中心由大理迁至昆明。

成吉思汗封地上的诸王认为他们有权享受免税权，或与中央一起分享国家的税收，蒙哥禁止了这些做法。如果他活得更久些，或者他的继承者继续执行他的政策，那么蒙古帝国就不会分裂为中国、突厥斯坦（察合台汗国）、波斯（伊儿汗国）、俄罗斯（钦察汗国）这四个国家，而将继续是一个统一的国家。

蒙古统治者利用各种宗教为其政治目的服务，蒙哥倾向于佛教，在哈拉和林宫中举行的一次佛教会议上，他说其他宗教犹如手的五指，而佛教如掌。

蒙哥认为蒙古人想要巩固对中国北方的控制，防止中

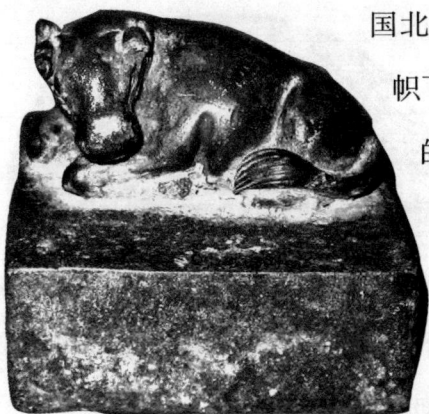

国北方的民族主义者聚集在南方的旗帜下，就必须迫使南宋王朝投降。南宋的存在会使汉人觉得他们的民族还有救，因而对蒙古的统治造成了威胁。蒙哥的伐宋计划引起了一些将领的反对，他们说南方气候炎热，疾疫流行，蒙古军队在这样的环境中作战会遭受损失，会因不适应陌生的环境而陷入战争泥潭。蒙哥回应道："我们必须完成先辈未竟的事业。"

蒙哥决定让他的军队同时开辟四个战场，使南宋军队不能专注于防卫任何一个区域。为了阻止蒙古人的进攻，南宋不得不把军队分散在一片广阔的疆土上。

蒙哥为四支部队分配了具体任务：蒙哥亲自指挥的军队将从他的西北基地出发，向南挺进，占领四川省，然后向东进攻。忽必烈的军队将从他新建的开平向南方进军，渡过长江进攻鄂州（今湖北省武昌），在那里与兀良哈台率领的从云南开来的第三支军队会合。第四支军队由成吉思汗兄弟的孙子率领，从六盘山的基地向位于鄂州西北部的襄阳进攻，这支军队最终也要与忽必烈和兀良哈台的军队会合。

这个计划是要把南宋的东部和西部分割成段，使之首尾难顾。蒙古人先集中优势兵力平定西南和中原，再进攻偏安东南的南宋小朝廷。

出发后，蒙哥的军队遇到了巨大的困难，进军十分艰辛，道路尚未开辟，人迹罕至。西南地区的酷热令人窒息，山峦起伏地带易守难攻，他们不得不在西南耽搁了较长的时间。

元宪宗八年（1258年）三月，蒙哥大军攻陷了四川重镇成都。当他们奔向下一个目标重庆时，在合州遇到了阻击。南宋将领王坚誓死抗敌，决心击退蒙古侵略者。

元宪宗九年（1259年）三月，蒙哥召集高级军事将领讨论进军策略，蒙哥最信赖的幕僚再次强调了疾病和酷热的威胁。蒙哥力排众议，表示要不惜一切代价占领合州。

蒙哥在合州打了五个月，双方的伤亡都很惨重，但蒙哥并未灰心，而王坚的军队岿然不动。

天气炎热潮湿，蒙哥军中时疫流行，兵士大多病死，蒙哥也染疾而死。

蒙哥之死震撼了整个蒙古帝国，他的儿子忽必烈挺身而出，完成了他的未竟事业。

三、帝业辉煌的盛元二君

（一）元世祖

元世祖忽必烈是成吉思汗之孙，拖雷正妻唆鲁禾帖尼的第二子，蒙哥的弟弟。忽必烈胸怀大志，一心想安定天下，并热心学习汉文化。他曾先后向刘秉忠、王鹗、元好问、张德辉、张文谦、窦默等请教治国之道。

元宪宗九年（1259年），忽必烈正在

攻打南宋鄂州（今湖北武昌）时，得知蒙哥汗死讯，但不能够确定四弟阿里不哥的动向。忽必烈的妻子察必精明能干，一面拖住阿里不哥的将领，一面及时给远方的丈夫送去了正确的情报："大鱼的头断了，在小鱼里，只有你和阿里不哥了。"忽必烈见信后，立即定下了方案：先与南宋暂时停战议和，然后兼程赶回北方争夺汗位。

次年三月，忽必烈在成吉思汗弟弟支系宗王的支持下，于开平（今内蒙古正蓝旗东）称汗。四月，阿里不哥在蒙哥系与察合台系宗王的支持下也称汗了。于是，蒙古汗国同时出现了两个大汗，而且又是同胞兄弟。

兄弟间的争战持续了四年多，至元元年（1264年），众叛亲离的四弟阿里不哥只得披着罪人的衣服向二哥忽必烈投降。

忽必烈打败阿里不哥后，将其谋臣全部诛杀，然后迁都燕京（今北京），改称大都，建元至元。

至元八年（1271年），忽必烈取《易经》"大哉乾元"之义，建国号为大元。

到大都后，忽必烈积极着手消灭南

宋的战争。攻克襄阳几个月后，已经病入膏肓的南征统帅史天泽写信给忽必烈，向他推荐伯颜担任南征军统帅。伯颜是突厥人，家族世世代代都是军事将领。每当伯颜参与军国大事时，他总是高出其他朝臣一筹。

伯颜受命后，坚定不移地向南宋挺进。他每到一个尚未平定的城镇时，总是先要求对方投降，如果当地驻军抗拒他的命令，他再进攻。宋将吕文焕和范文虎等将领认识到蒙古大军的绝对军事优势，干脆加入蒙古军。其他南宋官员因对

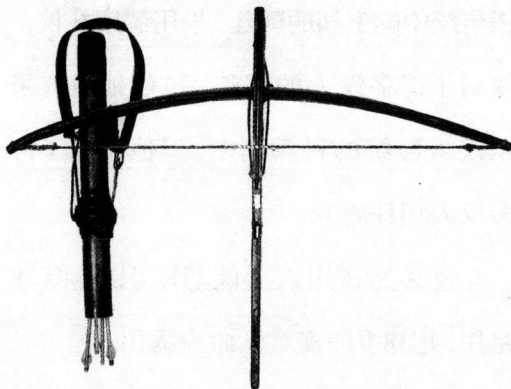

奸臣贾似道愤愤不平，自愿投降的人与日俱增。

至元十六年（1279年），元军灭了南宋，统一了全国。

征服南宋王朝是忽必烈最辉煌的胜利，从而把拥有五千万人口和丰富资源的领土纳入自己的统治之下，这是他执政头二十年最伟大的军事成就。

忽必烈对人民的赋役剥削限制在一定的数额之内，并采取了一些有利于农业和手工业生产的措施，如垦荒屯田，兴修水利，限制逼良为奴等。

忽必烈试图迎合汉人，建立了一个类

似传统中国王朝的朝廷,采用儒家礼仪,赢得了许多汉人的拥戴。虽然他没有采用汉人传统的科举制度,但他聘用了许多汉人担任要职。

忽必烈在用人上能慧眼识才,唯才是用,把18岁的安童任命为丞相。

安童是元初开国四杰之首木华黎的孙子,13岁时因祖父的功劳入宫主管宿卫。但他不愿意倚仗祖辈的荫庇,而是兢兢业业,勤奋学习。

元世祖与阿里不哥争夺汗位得胜

后，拘捕了阿里不哥的党羽千余人。忽必烈问安童道："朕欲置此等人于死地，你以为如何？"安童回答说："人各为其主，他们跟随阿里不哥也是身不由己，这由不得他们选择。陛下现在刚刚登上帝位，如果为泄私愤杀了这些人，那又怎么能让天下人诚心归附呢？"忽必烈没想到一个16岁的少年竟然说出这样有见识的话来，便对安童另眼相看了。又过了两年，安童18岁了，元世祖见他处世练达，办事果断，为人稳重，足智多谋，就破格提拔

他为中书右丞相。直
到49岁因病去世，安
童共为忽必烈效力31
年，为元初国家的稳
定和繁荣作出了巨大
的贡献。

用18岁的年轻人
担任丞相，这在历史
上是绝无仅有的。忽
必烈不计年龄，只从
实际才能出发，只要有丞相之才就破格
提拔，得一人而天下兴，从而为江山社稷
打下了坚实的基础。

同样，忽必烈对南宋降将也大胆录
用，委以重任。尤其对南宋状元丞相文天
祥更是用尽了心机，要加以重用。但文天
祥忠于孔孟之道，恪守三纲五常，誓死不
降。忽必烈重视人才，让被俘的宋恭帝出
面当说客，劝文天祥为元朝效力。

文天祥一见宋恭帝便泪如雨下，边

哭边说："圣驾请回,圣驾请回!"

忽必烈又让文天祥沦为乐坊歌伎的女儿出面劝降,文天祥肝胆俱裂,对女儿说:"阿爹救不得。"

最后,忽必烈只好亲自出马,劝道:"我很钦佩你的忠烈,但宋朝已亡,连你们的皇帝都归顺我了,你也不妨做我的丞相,我不会亏待你的。"文天祥说:"我是大宋丞相,怎能再为另一个朝廷服务?"忽必烈又劝道:"当两朝丞相或许有违你的观念,那么可否主管枢密院?照样能为老百姓做些实事啊!"文天祥昂首回答道:"一死之外,别无所求!"

即使这样,忽必烈还是不忍杀掉文天祥。

直到至元十九年
（1283年），有人说江南
南宋遗民打起文天祥的
旗号反元，忽必烈这才
下令杀了文天祥。

为了备荒，忽必烈
恢复了国家控粮的政
策。这一政策在中国很
早就制定了，北宋著名
丞相王安石使之更加完
善。每当丰年时，国家收
购余粮贮藏在国家粮
仓中。当荒年粮价上涨时，便开仓免费放
粮。

忽必烈要求地方长官对老人、孤儿、
病弱者提供救济，还为百姓修建医院。

忽必烈通过一系列政治和经济政
策，把亚洲大部分版图统一在蒙古的霸
权之下。

忽必烈努力保护帝国境内各种不同

民族臣民的幸福和安宁，这在那个时代是罕见的。经学者多年研究，一致认为忽必烈不仅是一位好皇帝，还是一位虔诚的佛教徒。身为皇帝做好事，较之一般平民，其作用是不可估量的。

忽必烈统一中国后，继承祖父和父辈的传统，在开疆扩土方面也不示弱，屡败屡战。

至元八年（1271年），缅甸接受元朝诏谕，成为忽必烈的属国。至元十四年（1277年），缅甸和金齿（今云南保山）部

族发生摩擦，忽必烈派兵征伐缅甸，但当大军走到八莫（缅甸北部城镇）时，因天气炎热，士兵水土不服，只得无功而返。次年，缅甸发生政变，缅甸王被其庶子囚禁，元朝云南王派兵征讨，到达蒲甘（位于缅甸中部）时，由于粮草供应不上，只得退兵。

安南即现在的越南，最早曾是中国的郡县，五代时期自立为国。蒙古老帅速不台之子兀良哈台平定云南后，派使者到安

南让他们纳贡，安南国王陈㷃将蒙古使者投入狱中。兀良哈台闻讯大怒，发兵攻破安南都城。由于那里气候潮湿炎热，来自北方的蒙古军不能适应，只好收兵而归。至元二十一年（1284年），忽必烈运用假虞灭虢之计，派兵攻打占城国（在今越南南部），向安南征兵征粮，并假道安南国，想一并把安南也灭了，将其重新收入中国版图。但是，当蒙古大军再次攻入安南都城时，由于粮草不继，军中疾疫泛滥，只好退兵。大军走到半路时，遭到安南军的伏击，损失惨重。第二年，忽必烈又发兵十万征讨安南，从海道押运粮草的部队遭到安南伏击，粮草全部沉入海中，只得撤军。撤军途中，再次遭到安南军的伏击，死伤无数。

蒙哥大汗在位时，曾远征高丽，高丽国王撤到与汉城遥遥相望的江华小岛上

指挥抵抗。元宪宗八年（1258年），高丽国王遣世子王典到蒙哥宫廷做人质，表示愿意成为蒙古的属国。忽必烈即位后，把女儿嫁给这位年轻的王子，送他回高丽继承王位。

接着，忽必烈派使者要求日本效忠元朝，日本摄政王北条时宗断然拒绝。忽必烈于至元十一年（1274年）和至元十八年（1281年）两次出兵攻打日本，由于蒙古大军不习海战，两次遇到暴风，都惨败而归。忽必烈还想第三次远征日本，因制造大量的海船有实际困难，忽必烈听从大臣进谏而罢兵。

忽必烈在晚年遭遇了一连串的打击，先是他最钟爱的皇后察必于至元十八年（1281年）去世。五年之后，他最喜爱的儿子真金英年早逝。真金是他亲自选定的皇位继承人。

从此，忽必烈开始酗酒，并且毫无节制地暴饮暴食。他的体重迅速增加，身体越来越胖，以至胖得不成样子，被疾病折磨得痛苦不堪。

真金病逝八年后，忽必烈也病逝了。

（二）元成宗

至元二十二年（1285年），忽必烈的太子真金去世。按照嫡长子即位的传统观念，忽必烈把希望寄托在真金之子铁穆耳身上。

为培养储君的各方面才能，忽必烈派铁穆耳统兵讨伐叛王哈丹，接着又派他镇守蒙古汗国故都哈拉和林，掌管北方防务，同时派开国四杰之一博尔术之孙、御史大夫玉昔帖木儿做他的助手。铁穆耳与精锐的北方驻军结下了特殊的关系，这一关系成为他登上帝位的重要保障。

至元三十一年（1294年）农历正月二十二日，忽必烈病逝。同年农历四月

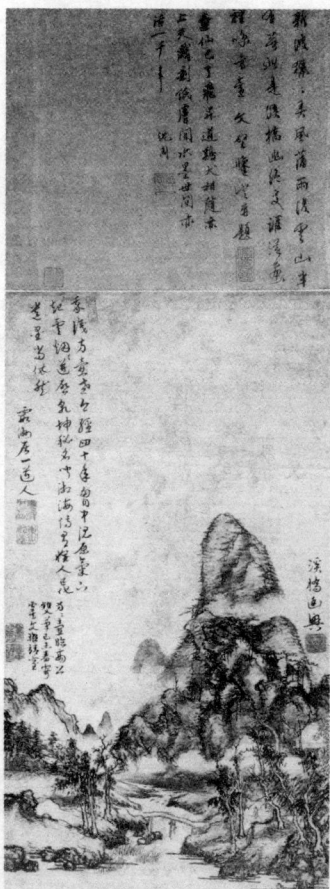

十四日，铁穆耳从哈拉和林回到上都（今内蒙古多伦东北），在重臣伯颜、玉昔帖木儿的支持下由诸王会议推立为帝，史称元成宗。

元成宗即位后，中书右司员外郎王约上书，建议在经济上轻徭薄赋，停止所有非急需和必需的土木工程，免除历年积欠的赋税，核实纳税的民户以减轻百姓

负担，与民休息；设立义仓，赈济贫苦之
人，开放打猎等禁令，实行有利于农业的
措施以发展生产。

在政治上，王约建议整顿吏治，打击
贪污受贿，革除官场积弊；慎重地选择
官吏，尤其要慎重地选择直接治理地方
的府、州、县长官；重新修订律令，严肃
赏罚；裁减冗吏，精简机构；减省烦琐的

条文，改革不合理的制度以提高办事效率。

在对待周围邻国关系上，王约建议不要斤斤计较于要求别国朝贡，甚至为此动武，应该以恩德感召远方之人。

此外，王约还主张办好学校以培养人才，并要求朝廷上下认真了解民情等等。

王约的建议成了元成宗一朝的施政大纲。

元成宗完全接受了这些建议，继续实行忽必烈时减免赋役、赈济灾民等政策。

在减轻百姓负担的同时，元成宗三令五申要求地方官员鼓励农桑，发展生产。

元成宗重视儒学，不歧视

汉人，还把公主嫁给了儒生。

修武县薛氏人口众多，素有"薛半县"之称，这些薛姓人口都是薛驸马的后人。薛驸马名叫薛澍，字时卿，号朴庵行人，曾任吏部尚书兼掌五部事，为元朝重臣，时称"元天一柱"。

元成宗决定在汉族儒生中间为女儿挑选一位乘龙快婿，于是在朝中宴请儒生，让公主亲自相亲。他们二人商量好，公主出来相看时手指谁谁就是驸马。薛澍虽然貌不惊人，但满腹经纶，聪明绝顶。席上，儒生都知道皇帝和公主要挑选驸马，为了表现文士风度，一个个正襟危坐，吃菜饮酒小心翼翼，唯恐有失礼的地方。而薛澍则不然，他知道自己的长相不会引起公主的注意，就故意毫不拘谨地大吃大喝，甚至连筷子都不用。这时，公主出来了，只见她雍容华贵，美艳绝伦，仪态万方。公主往大殿上一看，还没来得及看清下面儒生的相貌，就被薛澍的举动吸引住了。见薛澍竟然用手抓起一把佳肴往嘴里塞，公主不禁掩口而笑，手指薛澍对元成宗说："父皇，你看他……"

元成宗以为公主相中了薛澍，就说："好吧，就是他了。"这时，公主才知道自己失言，但想更改已经来不及了。成婚后，公主了解到薛澍才高八斗，学富五车，品行端正，感到非常幸福。

这件事也反映了蒙古民族的粗犷与豪迈。

元成宗拒绝大臣对日本用兵的请求，于大德三年（1299年）派僧人出使日本，恢复了两国间的正常贸易和文化往来。

元朝海外贸易发达，和当时世界上许多国家都有密切的交往，如罗马、英国、

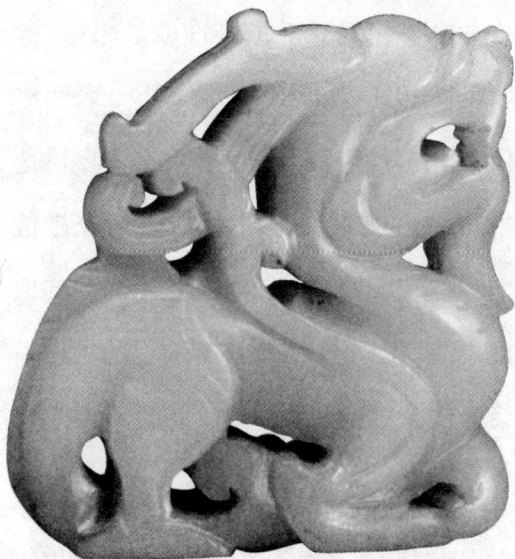

法国、西北非的摩洛哥和苏丹、北非的埃及、东非的坦桑尼亚、南亚的印度等等，元朝的岁入高达二至四亿两白银，为中国历史最高值。

大德九年（1305年）六月，元成宗立唯一的儿子德寿为皇太子。十二月，皇太子病逝。

大德十一年（1307年）农历正月初八，元成宗病逝。

因元成宗与其独生子相继病逝，未及安排皇位承继事宜，因而引起了政局的动荡。

四、纷争不已的后九帝

忽必烈曾经采用汉法立太子以确定皇位的继承，但由于蒙古传统势力太大，选汗会议制继续存在。选汗制与立太子制交错而行，使元朝皇位的继承长期以来不能形成确定的制度。蒙古宗王常利用推选皇帝来争夺权力，元朝的统治越来越不稳了。

元朝自元武宗即位到元惠宗退出大都的六十年间，长期陷入皇位的纷争之中，先后出现了九个皇帝，对皇权的争夺总是和实行汉法的贵族与蒙古贵族保守势力的斗争结合在一起。

（一）一家三帝

元成宗铁穆耳有两个皇后，一个是伯岳吾氏卜鲁罕皇后，一个是弘吉剌氏失怜答里皇后。

卜鲁罕皇后没有生育，元成宗唯一的儿子德寿是失怜答里所生。大德九年（1305年）五月，德寿被立为皇太子后，于当年十二月病死。失怜答里受此打击后精神失常，很快也离开了人世。

元成宗失去了唯一的儿子，自己又因长年酗酒身体很差，难以再有儿女，便想到了自己的侄儿。

忽必烈生前曾立次子真金为太子，真金病死后留下三个儿子，即甘麻剌、答剌麻八剌和铁穆耳。忽必烈立铁穆耳为皇太孙；甘麻剌先后被封为梁王、晋王，率军镇守北疆；答剌麻八剌一直留在忽必烈身边。

至元二十八年（1291年），答剌麻八剌受命出镇怀州（今河南沁阳），尚未到任就生病回京，于次年春天去世。答剌麻八剌也有三个儿子：阿木哥、海山、爱育黎拔力八达。其中阿木哥是汉族侍女郭氏所生，海山与爱育黎拔力八达是正妃弘吉剌氏答己所生。

元成宗大德三年（1299年），由于原来镇守漠北的宁元王阔阔出在镇守边疆时过于松懈，元成宗命侄子海山代其职。大德八年（1304年），海山被册封为怀宁王。元成宗病死时，他远在青海驻防。海山曾挥军打败反对忽必烈的西北宗王海都，军功显赫，部队精良。

大德十年（1306年），元成宗病情渐重，卜鲁罕皇后与左丞相阿忽台设下计谋，将答己和幼子爱育黎拔力八达母子贬放怀州。

元成宗病逝后，卜鲁罕皇后与左丞相阿忽台等人决定先由皇后摄政，让忽必烈的孙子安西王阿难答辅政，最终将帝位传给阿难答。

阿难答是忽必烈孙子中年纪最长的，倾向于伊斯兰教，熟读《古兰经》，并擅长阿拉伯文，是宁夏的长官，即达鲁花

赤。在其势力范围内，他是伊斯兰教的热情宣传者。

卜鲁罕皇后的政敌右丞相哈剌哈孙暗地里派人通知身在西北带兵的海山及身在怀州的答己与爱育黎拔力八达，让他们立即以奔丧为名赶回上都夺位。

答己与幼子先期抵达上都后，卜鲁罕皇后眼见政敌来到，便和阿难答等人商议，决定趁三月初三为爱育黎拔力八达庆贺生日之机除掉这对母子。

爱育黎拔力八达知道他们的阴谋后，在三月初二这天抢先动手，将卜鲁罕皇后和阿难答等人一网打尽。

这时，诸王都劝爱育黎拔力八达即皇帝位，但他因哥哥海山握有重兵，便先以监国之名掌握政权，并派使者奉玉玺北迎海山。

大德十一年（1307年）五月，海山到

达上都，在赐死安西王阿难答等人之后，空缺四个多月的皇位终于有了新主人。海山即位，史称元武宗。

元武宗是答刺麻八刺家的第一帝。

元武宗称帝后的第一件事就是处置政敌卜鲁罕皇后。这时，她已被爱育黎拔力八达以"私通安西王阿难答"的罪名贬居东安州（今河北廊坊）。元武宗废掉卜鲁罕的皇后头衔后，将她就地赐死。

元武宗将母亲答己尊为皇太后，又

将弟弟爱育黎拔力八达封为皇
太弟,规定死后帝位由皇太
弟继承。爱育黎拔力八达许
诺自己身后将皇位传回给哥
哥的儿子,彼此约定"兄终
弟及,叔侄相继",帝位由
兄弟二人的家族轮流继承。

元武宗即位后,下令体恤征戍之士及
供役繁重的役卒,免除大都、上都和隆兴
(张北)的三年差税;对云南、八番等地
免除一年的差役;对外逃复业者免差役
三年。

元武宗允许民间冶铁,以此恢复和
发展生产。对受灾地区停收山林湖泊税,
听任贫民渔牧。鼓励兴办学校,免除儒
者的差役。

为了巩固统治,元武宗大量任用亲
信执掌枢要,将前朝文武大臣全部更
换。

元武宗遵循汉制,尊儒重道,遣大臣

用太牢祭祀孔子，加号为"大成至圣文宣王"，对全国遵行儒教者予以优赦。由于元武宗尊崇儒教，宫廷内外习经成风。

元武宗喜怒无常，有时能宽大为怀，有时却十分残暴。

元武宗耽于享乐，生活奢侈，挥金如土，大赏诸王、宗族。又大兴土木，建筑中都城，致使财政困难重重。为摆脱财政危机，开始发行至大银钞，使财政赤字更为严重，物价上涨，百姓深受其害。

元武宗有很多妃子，亦乞烈氏生了和世瓎，唐兀氏生了图帖睦尔。有人曾劝元武宗立自己的儿子为太子，因右丞相康里脱脱反对而作罢。

元武宗尊奉西僧，特建兴圣宫，常请僧人礼佛祈福。他派兵一千五百人及大量民工修建五台山佛寺，还让其弟爱育黎拔力八达主持在大都城南建寺，令喇嘛翻译佛经。他下诏凡百姓殴打西僧者截手，骂西僧者断舌，致使西僧胡作非为，成为国中一害。

元武宗重用小人，南宋小太监李邦宁入宫后因善于阿谀奉承，竟被封为大司徒兼左丞相。

元武宗沉湎酒色，身染重病。至大四年（1311年）元旦，元武宗病倒，七天后病逝，终年31岁。

依据元武宗即位时的定议，同年三月，爱育黎拔力八达在大都即位，史称元仁宗。

元仁宗是答剌麻八剌家的第二帝。

元仁宗即位后，大张旗鼓地进行改革，取消尚书省，停用至大银钞，裁减冗员，整顿朝政。

延祐元年（1314年），在王约等汉臣"兴科举"的倡议下开科取士，史称"延祐复科"。元灭金国和南宋后，科举被废弃。"延祐复科"使汉族士人获得了晋升途径，民族矛盾有所缓和。

元仁宗自幼熟读儒家经典，曾命王约等将《大学衍义》节译成蒙文赐给臣下，并说："治天下，有此一书足矣。"

元仁宗还命人将《贞观政要》和《资治通鉴》等书摘译成蒙文，令蒙古人和色目人诵习。

元成宗即位时，曾令中外崇奉孔子，命国子祭酒刘康到曲阜用太牢祭孔子。

元仁宗皇庆二年（1313年）六月，又以宋儒周敦颐、程颢、程颐、张载、邵雍、司马光、朱熹、张栻、吕祖谦及元儒许衡从祀孔子。次年，令孔子五十三世孙袭封衍圣公。

延祐三年（1316年）六月，元仁宗封孟轲之父为邾国公，封其母为邾国夫人。

元仁宗通过对孔孟程朱以至元儒许衡等的崇奉表明对儒学的尊崇，他曾握紧拳头对大臣说："所重乎儒者，为其握持纲常如此其固也。"又说："儒者可尚，以能维持三纲五常之道也。"

二程、朱熹所倡导的道学（理学）发展儒学为三纲五常，提倡臣下为君主、妇女为夫君守节。元仁宗以程、朱学说为科举考试的官学，每年还要访求烈女节妇，特别是夫死自尽殉葬的烈妇，由朝廷予以旌表，并多次旌表各地的孝子。元仁宗大力提倡道学的纲常节孝，用以维护元朝的封建统治。

　　元仁宗巡幸漳河的时候，正好赶上暴风雪。一个老农捧上了一碗粥，近侍都不想让皇帝喝。元仁宗说："当年汉光武帝落魄时也喝过粥啊。大丈夫不经受艰难，怎知稼穑之苦呢？"于是，他命人把粥端来喝了。喝罢粥，元仁宗赏赐老农一匹绫,感谢他通过献粥让自己受到启发和教益。元仁宗到邯郸后,下旨给全国的县令说:"百姓生活很苦,而地方上的士兵竟多行不法,地方官吏也常常欺凌百姓,巧立名目滥收杂税,一定要纠察。"他还命令王傅到全国各地巡查,了解政策的贯彻情况,让百姓得到了实惠。

元朝历代皇帝中,元仁宗是较有作为的。

元仁宗即位后，答己仍然是皇太后。

早在元武宗在世时，答己就已经开始收纳男宠并插手朝政了。元武宗死后，她抓紧元仁宗尚未即位的间隙，下令提拔男宠铁木迭儿为右丞相，并且要求元仁宗对铁木迭儿言听计从。第二年，答己又降下懿旨，准备提升铁木迭儿为太师，名将张弘范之子张珪坚决抵制这个荒唐的任命。元仁宗对铁木迭儿非常不满，接纳了张珪的意见。

答己得知后勃然大怒，竟趁元仁宗出巡之机传旨让张珪入宫，让亲信将张珪打得奄奄一息。元仁宗回京后，要捉拿铁木迭儿问罪，铁木迭儿竟逃入答己的寝宫，元仁宗不敢搜母亲的寝宫，只得作罢。

延祐二年（1315年）十一月，元仁宗册封元武宗长子和世㻋为周王，令其出镇云南。

老奸巨猾的铁木迭儿秉承答己之意，立即主动向元仁宗上奏折，请元仁宗不要顾忌与元武宗"兄终弟及，叔侄相继"的约定，尽快册立自己的儿子硕德八剌为皇太子。元仁宗接到这份奏折后，心中大喜。

延祐三年（1316年）十二月，硕德八剌被册立为皇太子。为防日后有人重提元武宗的旧话，元仁宗还特意从羽林军中调出一万人给皇太子，并让皇太子参与军政大事。

皇太子人选确定四年后，元仁宗病

逝，享年36岁。

按规定，要等到三月皇太子才能正式称帝。在这段间隙里，朝政由太皇太后答己执掌。答己利用这个机会，大规模铲除异己，提拔宠臣。元仁宗死了才几天，她便将自己宠爱的奸夫铁木迭儿任命为中书右丞相，又将曾经弹劾铁木迭儿的中书右丞相萧拜住、御史中丞杨朵儿只、上都留守贺胜强行处死。

硕德八剌随后登基，史称元英宗。

元英宗是答剌麻八剌家的第三帝。

元英宗即位后，他任命自己的亲信拜住为中书左丞相，与铁木迭儿分庭抗礼，不肯受祖母答己的控制。

不久，有人告发说："太皇太后重要党羽岭北行省平章政事阿散、中书平章政事黑驴、御史大夫脱忒哈、徽政使失列门等搞阴谋，要废掉皇帝，另立新君。"

元英宗立即下令将这些人抓了起

来。审案前，拜住就案情向元英宗讨主意时，元英宗问："若是审到最后，他们把太皇太后扯进案子里来，那该怎么办？"于是，为了保护太皇太后，元英宗不由分说就把这些人斩首了。

答己没料到自己一手扶立的皇帝竟如此强硬，后悔道："我怎么会有这样一个孙子！"眼看着自己的亲信一个个死在自己一力保举的孙子手里，尤其是被杀的还有自己的新宠徽政使失列门，答己终于不堪打击，病倒在床，老奸夫铁木迭儿也吓出病来。

至治二年（1322年）八月，铁木迭儿死了。没过多久，郁郁寡欢的答己也在这年九月去世。

这时，元英宗立即开始大刀阔斧地推行新政，严重地触犯了蒙古、色目人的特权。

　　元英宗有三位皇后，长后速哥八剌最为聪慧，元英宗的得力助手拜住就是因为得到她的大力推荐才担任丞相的。见元英宗年轻气盛，急于推行新政，速哥八剌非常担忧。她常常穿戴整齐地去迎接元英宗下朝，利用一切机会向元英宗进谏，希望他不要操之过急，要多栽培一些亲信之后再稳重行事。

　　元英宗崇佛，下诏令各郡建八思巴殿，规模超过了孔庙。他在上都建了一座金塔贮藏佛的舍利子，还下诏在各地修

建佛寺。一天，元英宗问拜住："可否用佛教治天下？"拜住回答说："清净寂灭只可自治，若治天下而不讲仁义，则纲常必然混乱。"于是，元英宗不仅崇佛，还重用儒生，起用名将张弘范之子张珪为中书平章政事辅政。

铁木迭儿病死后，拜住于十月升任右丞相，朝中不再设左丞相，由拜住独理朝政。

铁木迭儿死后，拜住处置铁木迭儿父子及其义子铁失等贪赃不法之事，将铁木迭儿之子八思吉思处死，而特赦了铁失。

次年五月，监察御史盖继元等又检举铁木迭儿"奸险贪污"，元英宗下令毁了铁木迭儿及其父、祖之碑，追夺官爵及封赠制书。

元英宗一面推行新政，一面大规模诛杀答己与铁木迭儿的余党，引起了他们的恐慌。不久，反对新政的人和不甘心坐

以待毙的铁木迭儿余党串通起来。铁木迭儿的义子铁失、知枢密院事也先帖木儿、大司农失秃儿、前平章政事赤斤铁木儿、前云南行省平章政事完泽、治书侍御史镇南、宣徽使所南等联合几位蒙古宗王密谋拥立新帝，他们选中的新帝是晋王也孙铁木儿，即元成宗铁穆耳长兄甘麻刺的长子。

至治三年（1323年）夏天，元英宗决定离开上都返回大都。乱党见有机可乘，决定在途中下手，并在元英宗起程前派人向晋王也孙铁木儿报信，通知他准备称帝。

八月五日这天，元英宗由上都启程南下。当天晚上，浩浩荡荡的队伍在南坡店（在今内蒙古正蓝旗东北，距元上都二十里）驻扎。

当天夜里，叛党迫不及待地动手了。元英宗和拜住双双毙命，这场宫廷政变被称为"南坡之变"。

上面这三位皇帝都出于忽必烈太子真金的次子家，前两个是兄弟，是答剌麻八剌的儿子，最后一个是答剌麻八剌的孙子。

（二）一家二帝

忽必烈太子真金的长子甘麻剌被封为晋王，镇守北方边疆。甘麻剌死后，长子也孙铁木儿袭封晋王，仍镇守漠北。铁失发动政变后，立他为帝，史称泰定帝。

泰定帝是甘麻剌家的第一帝。

为了洗脱自己暗中参与政变的嫌疑，泰定帝即位一个月后就开始大清洗，不到三个月就将曾经拥立他并参与政变的大臣全部杀掉，几名参与政变的宗王也被流放边陲。

泰定帝命平章政事张珪、翰林学士忽都鲁都儿迷失、学士吴澄、集贤直学士邓文原等讲《帝范》、《资治通鉴》、《大

学衍义》、《贞观政要》等书，以示学习"汉法"。

泰定元年（1324年）立皇子阿速吉八为太子，并敕中书省臣访求名儒作辅佐太子。

泰定二年（1325年），泰定帝收到陕西中部县（今黄陵）道人状子一案。原来，黄陵县在元朝时称中部县，当地有一个史知府的儿子不务正业，民愤极大，因此人们给他起了个外号叫"死可恶"。一天，死可恶带着恶奴来到桥山打猎，一群梅花鹿逃到桥山顶上的柏树林中躲了起来，死可恶领着恶奴追进桥山柏树林用箭乱射。看守陵园的道人虽已年过六旬，却鹤发童颜，功夫超群。他一见有人骑马闯进陵园，立即大喝一声："哪里狂徒如此无礼，竟敢在黄帝陵园捕鹿！"说着，一个箭步上前抓住马缰绳。死可恶在马上冷笑一声说："老爷我就要在这里射鹿，看谁敢管！"一句话惹恼了道人，一拳就

将死可恶打下马来。死可恶从地上爬起来扑向道人，道人将左腿轻轻一扫，死可恶又跌了个狗啃泥，把两颗门牙全碰掉了。史知府听说儿子被打，还碰掉两颗门牙，哪肯罢休，立即写信要求中部县令严办道人。中部县令刚直不阿，没有屈服于史知府的压力，连夜给泰定帝写一份奏章，连同史知府写给他的信件一并上呈。泰定帝看罢奏章后十分生气，立即降旨将史知府革职，并赐给中部县令三种特权：第一，对破坏黄帝陵园的林木、建筑等的一切歹徒，查明事实后不必上报，县令有权就地正法；第二，如有紧急公事，县令可越级直接上书皇帝；第三，凡巡抚以下官员前来祭黄陵，县令不再出城迎送。泰定帝怕他的圣旨执行不力，又亲自颁发了保护黄帝陵的法令，法令中说："不畏公法之人，执把弹弓，吹筒辄入本宫，采打飞禽，掏取雀鸟，将飞檐走兽损坏，又有愚徒之辈，泼皮歹人，赍夯斧具，将桥陵

内所长柏树林木斫伐等事……禁约无得似前骚扰，如有违犯之人，许诸人捉拿到官，痛行断罪。泰定二年六月八日。"这道法令刻成碑文，保存在黄帝庙碑林里，距今已近七百年，是中华民族在六百多年前颁发的第一道保护黄帝陵的法令。明朝洪武年间，朱元璋沿用元朝泰定帝规定，把中部县令由七品官升至五品官，以便处理一些来不及上报的案件。此外，又在桥山山顶上专门立了"文武官员至此下马"的石碑，提醒前来谒陵拜祖的人在祖先陵前一定要庄重严肃。

泰定帝还是佛教的狂热崇奉者，他曾向帝师接受佛戒。泰定帝还在各地建佛寺，屡修佛事。为了争取色目人的拥戴，泰定帝在上都重建伊斯兰教礼拜寺，还在大同路建了礼拜寺。

泰定帝在位五年，为了防止元英宗的命运重演，他早早就做好预防。泰定元年（1324年）三月，刚刚坐稳皇位的泰定帝便册立（弘吉刺氏）八不罕为皇后，同时册立八不罕所生的儿子阿速吉八（天顺帝）为皇太子。

八不罕是一个非常强悍泼辣的女人，除参与朝政之外，还沉湎于巫术佛法。

致和元年（1328年）七月，36岁的泰定帝在上都病逝，八不罕立即以皇后身份执掌朝政。她过于自信，虽知危机重重，却没有让儿子立即即位，而是先以皇后的名义处理政务，过一把摄政女王的瘾。她命亲信平章政事乌伯刺赶往大都收掌百司印章，颁布皇后敕书，安抚官员。

燕铁木儿是元武宗的亲信，此时已经当上了大都留守，手中掌握着枢密符印，能调动军队。

燕铁木儿一直

感激元武宗当年的知遇之恩，早在泰定帝重病期间就已经开始策划迎立元武宗之子即位，现在终于等到了机会。

八月四日这天，趁着满朝文武齐聚兴圣宫听使者宣读八不罕皇后敕书的时候，燕铁木儿指挥亲信武士将不在自己笼络中的朝臣和宗王统统活捉，然后宣布了迎立元武宗之子的决定。大家见性命都掐在他的手里，只得唯命是从。

按照即位顺序，燕铁木儿本该首先拥立元武宗的长子和世㻋，但和世㻋远在边陲封地镇守，一时难以返回大都。燕铁木儿为防时间拖得太久发生意外，便派人前往江陵请元武宗次子图帖睦尔先返京登基。

这年九月，图帖睦尔回到大都，于十三日登基称帝，史称元文宗。

元文宗称帝的同时，颁布了一道诏书，向天下人许诺说自己是迫于形势才称帝的，只待兄长和世瓎返回，便将帝位奉还。

听说图帖睦尔称帝了，上都城内属于泰定帝一派的大臣、宗王和后妃们也不甘示弱，立即拥立皇太子阿速吉八为帝，改元天顺，史称天顺帝。

天顺帝是甘麻剌家的第二帝。

天无二日，国无二君，两都内战立即爆发了。

燕铁木儿身先士卒，率军冲杀，元文宗一派的军队屡屡获胜，终于在十月十三日攻克上都，天顺朝只存在了三个月。

泰定帝的朝臣和宗王多被斩杀，泰定帝的后

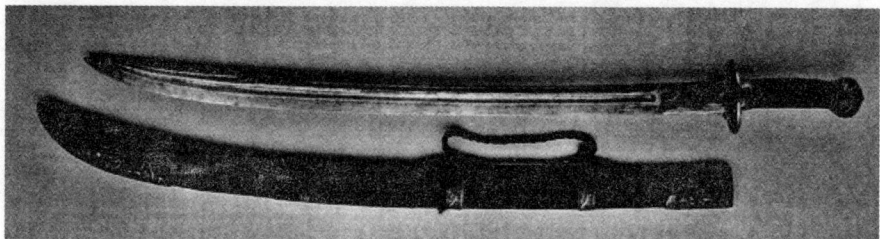

妃们都被幽禁起来,年仅9岁的天顺帝从此下落不明,有人说死于乱兵,有人说被燕铁木儿杀了。

上面两位皇帝都出于忽必烈太子真金的长子甘麻剌家,一个是甘麻剌的儿子,一个是甘麻剌的孙子。

(三)一家四帝

致和元年(1328年)七月,泰定帝病死,知枢密院事燕铁木儿在大都发动政变,谋立元武宗之子图帖睦尔为帝,遣使至江陵迎其入都。九月,图帖睦尔即帝位于大都,改元天历,史称元文宗。

元文宗是海山家的第一帝。

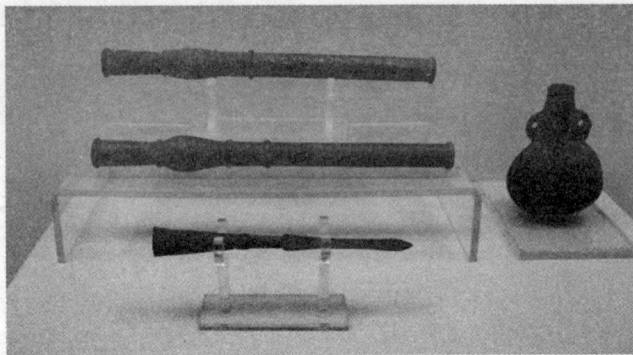

在燕铁木儿及其所属钦察军团和一部分元武宗旧部的支持下，元文宗攻取上都，废了泰定帝的儿子，接着又调兵平定了四川、云南的反对集团。

元文宗即位一年后，迫于形势，让位于总领漠北军事的哥哥和世㻋。元文宗派遣使臣北迎和世㻋，和世㻋自北方边境起行。

天历二年（1329年）一月，和世㻋在哈拉和林即皇帝位，史称元明宗。

元明宗是海山家的第二帝。

三月，图帖睦尔遣中书右丞相燕铁木儿奉皇帝玉玺前去迎接元明宗，元明宗加号燕铁木儿为太师，仍为中书右丞相。

燕铁木儿本是诚心诚意拥戴元武宗

之子为帝的，但当他北迎元明宗并一路随行之后，却发现元明宗身边的宗王和重臣都对他因妒生恨，元明宗本人也因未亲历政变之故，对他没有元文宗那样热情。燕铁木儿大失所望，便对元明宗起了杀机。

元明宗依据元武宗、元仁宗兄终弟及的旧例，于四月间派武宁王彻彻秃去大都立图帖睦尔为皇太弟。五月，图帖睦尔自大都出发，北上迎接元明宗。

这时，元明宗也动身南下，于八月初到了上都附近的旺兀察都。图帖睦尔前来朝见，元明宗在行帐中为皇太弟及诸王大臣设宴。席上，燕铁木儿用毒药害死了元明宗。于是，图帖睦尔再次即皇帝位于上都。

元文宗自幼谪居海南，在汉地长大，热爱汉文化。即位后，他任用通晓汉文化的蒙古和色目官员，一些汉人也受到重用，汉文化受到重视和提倡。

天历二年（1329年）二月，元文宗在大都建立奎章阁学士院，以精通汉文化的翰林学士承旨忽都鲁都儿迷失和赵世延为奎章阁大学士，在奎章阁置学士员，每天将祖宗明训和古今治乱得失史事讲给元文宗听。奎章阁又设授经郎二员，讲授经学，让勋旧、贵戚子孙及年幼的近侍入学肄业。

元朝自建国以来，蒙古皇帝和宗王大都不通汉语。元仁宗实行科举后，研究汉学的蒙古文士逐渐增多。元文宗建奎章阁后，儒学在蒙古人和色目人中得以进一步推广。

元文宗建奎章阁后，又命翰林国史院与奎章阁学士院整理史事，仿《唐宋会要》体例，编纂《经世大典》，凡八百八十卷，目录

十二卷,公牍一卷,纂修通议一卷。

《经世大典》保存了大量的元代典制,成为明朝初年纂修《元史》的依据,是元文宗推行汉法崇尚文治的一个重要标志。

元文宗极力尊孔崇儒,以争取汉人的拥戴。元文宗遣儒臣曹元用去曲阜代祀孔子,修葺曲阜孔庙,并在曲阜建颜渊庙。

天历三年(1330年),元文宗加封孔子父母及诸弟子:孔子父叔梁纥为启圣王,母颜氏为启圣王夫人,颜渊为兖国复圣公,曾子为郕国宗圣公,子思为沂国述圣公,孟子为邹国亚圣公。接着,元文宗又追封宋儒程颢为豫国公,程颐为洛国公。同年,元文宗又以董仲舒从祀孔庙,位在七十子之下。

元文宗遵循儒家礼仪,亲自在京师南郊祭祀昊天上帝,并以元太祖成吉思汗配享。

元文宗也崇奉佛教，用以维护统治。他即位后，从帝师受佛戒，作佛事六十日。元朝自忽必烈封八思巴为帝师后，历代元帝相承。佛教受到尊崇，僧徒也享有多种优厚的待遇。

元文宗不仅是个好皇帝，而且还是个大才子。他的诗做得很好，有帝王气派。他的书画受赵孟頫影响，落笔过人，令人惊服。元文宗御笔《相马图》流传至今，在整体布局构图、陪衬景物安置和绘画思路、人物服饰等方面都继承了唐代传统画法，人物描绘十分传神。这幅画中的马形态生动，有唐人画马的韵味，但又脱离了刻板的平面描绘，具有多维立体的视觉效果。

元文宗日理万机，一有闲暇就喜欢下围棋，而且下得很好。元文宗棋艺颇得国手传授，造诣匪浅。大臣

虞集说："自古圣人制器，精义入神，各以致用，非有无益之习也。故孔子以弈为'为之犹贤者乎已'。孟子以弈之为数，如不专心致志，则不得。且夫经营措置之方，攻守审决之道，犹国家政令，出入之机，军师行伍之法，举而习之，亦居安虑危之戒也。"元文宗对此语深表赞同。

天历三年（1330年）三月，元文宗封皇子阿剌忒纳答剌为燕王，意在以燕王作为皇位继承人。

元明宗的妃子迈来迪生子妥懽帖睦尔，元明宗的皇后八不沙生子懿璘质班，依照前朝"兄终弟及，叔侄相继"的惯例，他们都有继承皇位的资格。

四月间，元文宗皇后卜答失里害死了八不沙，扫除了立太子的障碍。

十二月，元文宗立燕王为太子，但不到一个月太子就病死了。这对元文宗来说是个致命的打击，使笃信宗教的他开始反思自己的行为。

元文宗通过弑兄重新登上帝位，临死之际良心发现，为了赎罪，决定在他死后立元明宗之子为帝。

至顺三年（1332年）十月，卜答失里奉元文宗遗诏，拥立年仅7岁的懿璘质班为帝，史称元宁宗，卜答失里成了元朝的实际统治者。

元宁宗是海山家的第三帝。

同年十一月，元宁宗病逝，在位仅43天。

元宁宗病逝后，卜答失里下令立妥懽帖睦尔为帝，史称元惠宗。

元惠宗是海山家的第

四帝。

元惠宗于元仁宗延祐七年（1320年）出生，称帝这年才13岁，但他却做了近四十年的皇帝。在后九帝六十年间，他在位期间几乎占了三分之二。因此，有关他的故事也就特别多。

元惠宗是元明宗的长子，八不沙被杀时，他被驱逐，先被驱逐到高丽，后来又被迁到广西。

元惠宗虽然做了皇帝，但国家大权仍在皇太后卜答失里手里。卜答失里在元惠宗登基的同时，就把自己的亲生儿子燕帖古思立为皇太子了。

元惠宗称帝两个月后，听从卜答失里的安排，册立钦察氏答纳失里为皇后。

答纳失里出身显赫，是元文宗的权臣燕铁木儿之女。

　　答纳失里是在父亲燕铁木儿去世两
个月后当上皇后的。尽管燕铁木儿已经
去世,但这个家族的势力还在。就在答纳
失里被封为皇后的同时,她的叔父撒敦
进封荣王、左丞相、开府仪同三司、上柱
国;答纳失里的哥哥唐其势则子承父业,
做了太平王。

　　答纳失里入宫后,越来越张狂,动辄
打骂元惠宗身边的宫女。元统二年(1334

年）五月，她竟派太监博啰特穆尔传下懿旨，把由国家专卖的盐十万引据为自己的私房钱。一引为400—600斤，元惠宗对这位皇后毫无办法，只得隐忍。

当年，元武宗手下共有三位重臣，其中色目人有康里脱脱与燕铁木儿，另一个是蒙古人伯颜。元惠宗即位时，康里脱脱和燕铁木儿都已经死了，论资历论功劳，便轮到伯颜当政了。

元统三年（1335年）初，撒敦病逝。虽然撒敦的左丞相之职由唐其势继承了，

但右丞相伯颜已成为事实
上控制朝政的人。

唐其势不甘居人下，决
定像父亲那样发动一次政
变。他联合身在上都的叔
父句容郡王答里以及宗王
晃火铁木儿等人，要废掉元
惠宗，立晃火铁木儿为帝，
然后由自己指挥皇帝。

政变计划很快走漏了
风声，唐其势却一无所知。
至元元年（1335年）六月三十日，唐其势
带着兵马由大都城外冲到皇宫时，一下子
就陷入了伯颜预先埋伏好的包围圈中。
唐其势见势不妙，立即和弟弟塔剌海一
起往后宫里跑，指望靠皇后答纳失里保
住性命。结果，不但没有保住自己的性
命，连答纳失里也被伯颜矫诏毒死了。

在答纳失里死后的第三年，即至元
三年（1337年）三月，元惠宗依照伯颜的

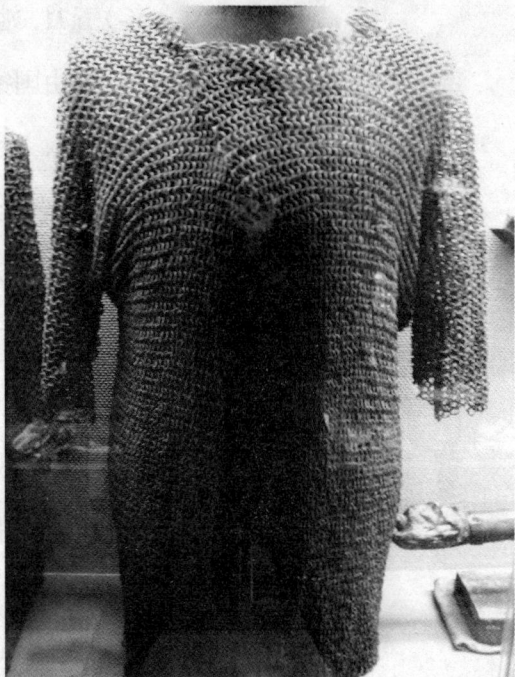

意志册立伯颜忽都为皇后。

元惠宗并不爱这位皇后，他爱的是高丽贡女奇氏。

高丽是元朝的一个属国，每年都要向元朝进贡，在贡品中占相当比重的不是财物，而是贡女。

奇氏虽然出身贫贱，但生性黠慧。刚到元惠宗身边时，她只不过是一名递茶的宫婢，但元惠宗渐渐觉得离不开她了。

奇氏在被选为贡女前，在高丽故乡已有恋人。那个少年名叫朴不花，对奇氏情深爱笃。奇氏被选为贡女后，为了能与情人相依相伴，朴不花自愿做了宦官，随奇氏一起被贡入元宫。

伯颜忽都出自名门，从不争宠，整日端坐坤德宫，既不参与朝政，也不管后宫是非。她连自己生活的那个宫院都很少走出去，因此也就没有什么是非找上她。二十多年间，她不但不过问财务，就连一

些必须的生活开销都尽量节约。以至于她死后身无长物，只留下了一些陈旧过时的衣服。

伯颜忽都皇后死于至正二十五年（1365年）八月，享年42岁。自15岁被权臣推上皇后位置以来，她在皇宫中度过了二十七个年头。因她处处谨慎，奇氏虽然虎视眈眈，她的皇后之位却从来没有动摇过，她的家族也没有受到任何牵连。

元王朝建立伊始，国人被分为四等：蒙古人、色目人、汉人与南人。汉人与南人地位比蒙古人及色目人低，蒙古人及色目人即便对汉人和南人殴打或杀害，也不必承担相应的罪责。到元仁宗以后，在各种努力下，这些法规开始有些松动了。但伯颜上台后，坚决执行老规矩，蒙古人、色目人若殴打

汉人或南人，挨打者连反抗自卫的权利都没有。

伯颜还下令终止科举考试，将官学全部停止，从前各处用于供应儒生费用的庄田赋税收入全部改为禁军军费。

伯颜规定中书省、枢密院、御史台、六部、宣慰司、廉访司及各路、府的官长幕僚全由蒙古人、色目人担任。为了达到这个目的，伯颜下令不准汉人、南人学习蒙古文字。元朝规定地方及中央各级主要官员必须通晓蒙古文字，如今剥夺了汉人、南人学习蒙古文字的权利，也就完

全剥夺了他们进入仕途的机会。

伯颜认为汉人、南人太多，因此要杀尽张、王、刘、李、赵五姓人。这个主意太残酷了，不但遭到元惠宗的否决，就连蒙古贵族也一律反对，伯颜只得作罢。

伯颜在朝中飞扬跋扈，朝政都由他一手把持，天下人只知伯颜而不知皇帝。伯颜出行时，护卫精兵紧随其后，填街溢衢，元惠宗身边的仪卫和伯颜比起来反倒寥若晨星了。

伯颜罢了科举，大力扶植亲信，中书省、枢密院、御史台的官员都出自他的门下。

对于伯颜的专横，软弱的元惠宗束手无策。至元四年（1338年），元惠宗甚至下诏在涿州、汴梁为伯颜建生祠，在南口为他立记功碑。在伯颜眼里，小皇帝算不了什么，以至天下的贡赋也得他先享受够了才轮到皇帝。久之，元惠宗对伯颜的不满越来越强烈了。

每逢元惠宗外出时，伯颜总是让自己直属的禁卫军队在元惠宗周围巡行，禁止他接触大臣。伯颜还让自己的侄儿脱脱担当元惠宗的宿卫，随时监视皇帝。

脱脱是伯颜哥哥马札儿台之子，他见伯颜已经招得天怒人怨，便向自己的老师吴直方讨教。

在吴直方的启发下，脱脱先与元惠宗为数不多的几个心腹交上了朋友，又趁宿卫之机向元惠宗陈情示忠，取得了元惠宗的信任。

至元六年（1340年）二月，伯颜邀元惠宗出猎，脱脱见时机已到，便劝元惠宗装病推辞，谁知伯颜坚请，元惠宗不得不派皇太子燕帖古思随伯颜出猎。

伯颜一行刚走，脱脱便将京城各城门的钥匙收在自己手中，还派亲信把守各城门。

当天晚上，脱脱将元惠宗移至玉德殿居住，召各部大臣入宫听命。

二鼓时分，脱脱派皇太子的宿卫官月可察儿率三十精骑赶往狩猎驻地柳林，将太子悄悄接回京城。

太子平安回京后，脱脱命人写好贬黜伯颜为河南行省左丞相的诏书，连夜派平章政事只儿瓦夕赴伯颜营地宣读。

伯颜大吃一惊，想进京问个明白，脱脱坚决不开城门，在城上向下喊话说："有旨贬黜丞相一人，诸从官无罪，可各还本卫。"跟从伯颜出猎的兵将一听这话，一下子都散了。

伯颜见大势已去，只得前往河南。上路不到一个月，另一道诏书又到了，令伯颜转往南恩州阳春县（今广东阳春县）安置。不久，伯颜病死于途中。

伯颜垮台后，元惠宗在脱脱的辅佐下掌握了朝中大权，将伯颜的党羽全部赶出朝廷。

这年六月，元惠宗降诏废了叔父元文宗的庙主，将婶母卜答失里徙往东安州安置，将堂弟燕帖古思流放高丽。卜答失里到东安州不久就病死了，燕帖古思则在流放途中遇害身亡了。

元惠宗亲政了，而奇氏也等到了提高自己地位的机会。

奇氏最盼望得到的是皇后的宝座，但伯颜忽都皇后循规蹈矩，元惠宗和奇氏找不到废后的把柄，于是便暗中示意大臣沙剌班，让他援引元朝数后并立的先例，提议册立奇氏为第二皇后，理由是奇氏在至正五年（1345年）冬生下了皇子爱猷识理达腊。

奇氏当上第二皇后之后，她的祖宗三代都被元王朝追封为王爵。奇氏家族子弟顿时平步青云，开始目中无人，并横行霸道起来。不久，他们便在高丽闹得天怒人怨了。高丽国王虽然心中不满，但碍于元惠宗的面子，也不得不忍让三分。不久，奇氏家族竟然有人密谋在高丽篡位称王，高丽国王再也不能容忍了，立即赶

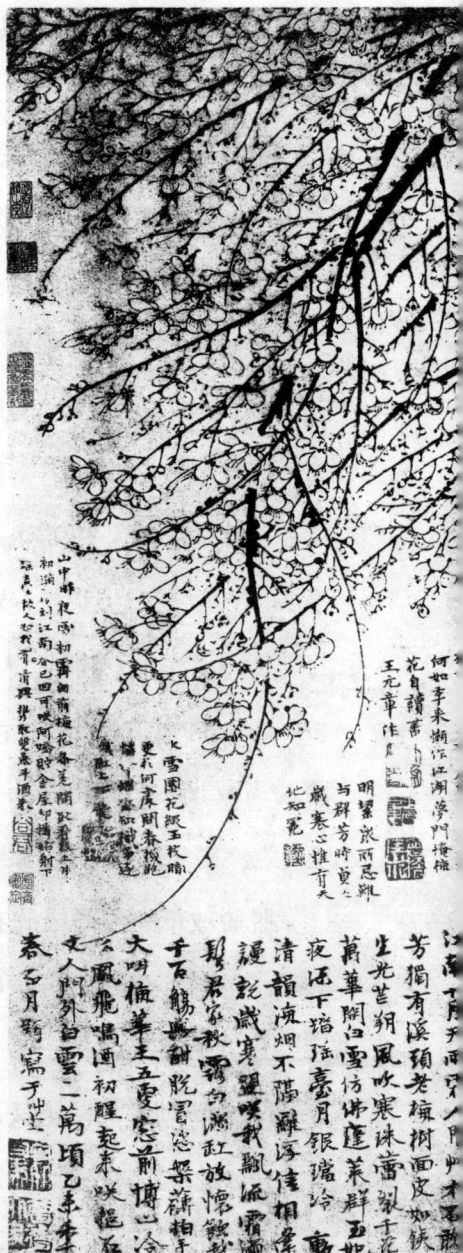

在奇氏家族动手之前将他们一网打尽，统统杀光。

奇氏得知消息，大哭不止，向元惠宗哭诉，诬称高丽国王图谋不轨。至正二十三年（1363年），元惠宗降旨废高丽王，册封大都城里的高丽皇族塔思特木儿为新高丽王，并立奇氏族人三宝奴为高丽太子，随后派知枢密院事崔帖木儿率军一万送这两人去高丽。高丽国王早有准备，在鸭绿江边埋伏一支精兵，将元军打得溃不成军，仅剩十七人逃回大都。

回头再说伯颜倒台后，元惠宗起用脱脱当政，宣布改革，历史上称为"脱脱更化"。

脱脱改革的主要措施有：（1）恢复伯颜废了的科举制度。科举制始于隋朝，元朝建立后直到元仁宗时才实行科举制度。伯颜掌权后，为防止汉人做官，下令废了科举，如今又恢复了。（2）置宣文阁，恢复太庙四时祭祀。（3）平反冤狱。（4）开

马禁，放宽政策，为农民减赋。脱脱上台后，下令免除百姓拖欠的杂税，放宽了对汉人、南人的政策。此前民间禁止养马，脱脱上台废除了这一禁令。(5)主持编写宋、辽、金三史。元朝初年，元世祖忽必烈曾降诏编修宋史、辽史和金史，但是，因为这三个国家同时存在，修史时究竟以哪一个国家为正统才好，大家争论不休，所以未能修成。脱脱主张分别撰写这三个国家的历史，不分谁是正统，谁为附庸。元惠宗同意后，由脱脱担任都总裁，开始修史。(6)编写《至正条格》。《至正条格》是元代法规之一。元惠宗至元四年（1338年）三月，命中书平章政事阿吉剌根据《大元通制》编定条格，于至正六年四月颁行。其中包括诏制150条、条格1700条、断例1059条，分祭祀、户令、学令、选举、仓库、捕亡、赋役、狱官等27目。

元惠宗一朝，吏治腐败，百姓受尽盘剥。至正五年（1345年），元惠宗决心

整顿吏治，派出各路宣抚使审察各地官吏，有罪者四品以上停职，五品以下就地处决。但是，各路宣抚使到各地后，竟借机勒索，反而给百姓带来了更大的灾难。江西福建道宣抚使走后，当地百姓作歌说："奉使来时惊天动地，奉使去时乌天黑地，官吏都欢天喜地，百姓却啼天哭地。"又说："官吏黑漆皮灯笼，奉使来时添一重。"人们指责宣抚使"赃吏贪婪而不问，良民涂炭而罔知"。元朝官场贪污成风，宣抚使也都是贪官，当然无法过问地方官了。各级官吏利用元朝的人分四等的等级制度，多方盘剥汉人和南人，以贪污为能事，汉人和南人实在没有活路了。

从至正四年（1344年）五月开始，黄河连年决堤，偏离了故道。原河道两岸大旱无水，决堤

处又大发洪水。百姓无粮可食，逼得只好人吃人了。

至正十一年（1351年）四月，元惠宗命工部尚书贾鲁征发汴梁、大名等地民工为黄河开凿新河道。官吏见有了新的发财机会，无不乘机舞弊，百姓深受其害。

贾鲁自四月开工，七月便凿河完毕，黄河恢复故道。贾鲁治河成功后，元惠宗命翰林学士欧阳玄作《河平碑》记功。

由于水旱成灾，连年饥荒，再加上贪官污吏敲骨吸髓，河南、河北、山东等地百姓已经濒临死亡的边缘了。修黄河征发十五万民工，百姓负担极为沉重，死者枕藉。

元朝虽然成功地修治了黄河水患，却也加速了农民起义风暴的到来。这时，北方白莲教首领韩山童及其教友刘福通决定抓住这一时机发动武装起义，推翻元朝。起义军头裹红巾为标志，人称红巾军。一石激起千层浪，全国各地纷纷起兵响应，战火燃起了。

脱脱是公认的贤相，而奇氏却对脱脱心怀怨恨。因为在册立奇氏之子为皇太子时，脱脱曾经出于公心，表示不宜操之过急，以免尚在育龄的嫡后一旦生子不好处理。这使得奇氏的儿子一直拖到至正十三年（1353年）六月才正式立为太子。奇氏不顾王朝大局，想方设法要把脱脱搞垮。

至正十四年（1354年），脱脱奉命统兵出征，讨伐在南方起兵反元的张士诚。临出发前，奇氏竟然联络太子指使朝臣弹劾脱脱。当脱脱成功地围困了张士诚三个多月，使其政权濒于崩溃之际，奇氏仍然不管不顾地在京城里为排挤脱脱而上下活动。结果，就在两军将要议和的节骨眼上，奇氏活动成功，脱脱被临阵罢官，贬放云南，并被矫诏赐死。

奇氏终于报了仇，却给张士诚制造了一个绝佳的重生机会，元军优势不但尽失，反被张士诚打得四散奔逃。脱脱一死，国家栋梁摧折，元朝开始走上了灭亡之路。

至正十五年（1355年）二月，刘福通将韩山童的儿子韩林儿迎至亳州，建立政权，国号为"宋"，建元龙凤，与元朝对立，成为汉族百姓心目中的正统。

偏偏就在这时，元廷却乱成了一锅粥。奇氏见元惠宗沉湎酒色，对她日益疏远，心中十分担忧。于是，她想提前当上皇太后，保住自己的既得利益。她开始联络朝臣，胁迫元惠宗提前禅位。

奇氏派亲信朴不花找丞相太平游说，太平不愿参与此事。奇氏便亲自出马，宴请太平，太平仍然不愿参与此事。

奇氏的行为很快传入元惠宗耳中，元惠宗得知他宠爱的奇氏居然要逼他禅位，极其气愤，很长时间不再搭理她。

奇氏不思己过，反恨太平。至正二十三年（1363年），奇氏和皇太子一起设计陷害太平，太平被流放吐蕃，半路上被矫诏赐死。

太平死后，围绕着逼禅一事竟发生了一系列的内战。

奇氏在朝中为所欲为，包庇朴不花和搠思监两个宠臣。这两人终于惹恼了朝中官员，他们纷纷上书弹劾。结果，所有上书的人都被奇氏母子贬放，就连元惠宗的母舅老的沙都被流放了。

元惠宗多年怠政，以至奇氏成了与他抗衡的异己势力。元惠宗无力搭救母舅，只得暗中安排他逃往大同镇帅孛罗帖木儿处藏身。

奇氏母子仍然不肯罢手，让朴

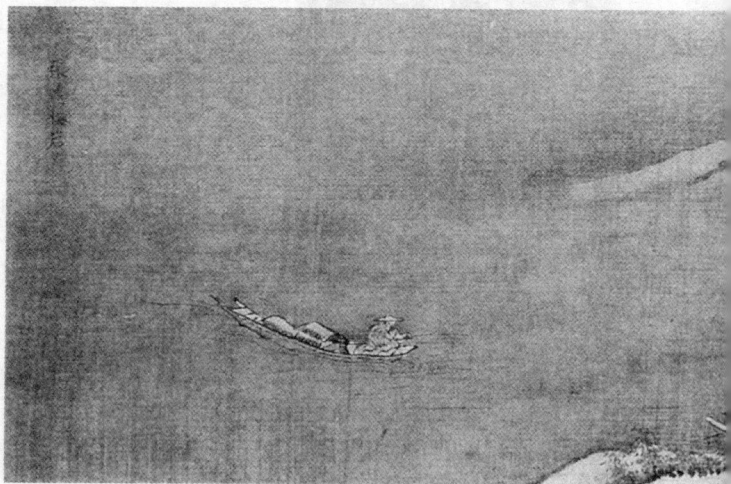

不花与搠思监诬告孛罗帖木儿谋反，要元惠宗削去他这名亲信的兵权。孛罗帖木儿知道剥夺自己兵权的旨意绝不可能出自皇帝，因而拒不受命。

奇氏母子见状，便派太原镇帅扩廓帖木儿出兵大同，与孛罗帖木儿打内战。孛罗帖木儿闻讯大怒，径自派兵直闯大都，将皇太子打得东逃古北口。

元惠宗为了平息孛罗帖木儿的怒气，将朴不花和搠思监交给孛罗帖木儿的军队带回去处治，出逃的皇太子才得以回京。

听说朴不花和搠思监被孛罗帖木儿杀了，奇氏捶胸顿足，皇太子也不肯罢休。母子二人商量后，又派扩廓帖木儿攻打孛罗帖

木儿。孛罗帖木儿这次亲自杀入大都，皇太子急忙逃往太原。

孛罗帖木儿出任左丞相，又把部属安插在各个要害部门，把持了朝政。

皇太子在太原征召各路兵马，连同扩廓帖木儿原有的太原驻军，打算讨伐孛罗帖木儿。

孛罗帖木儿迁怒于奇氏，闯入皇宫将她抓了起来，囚禁在宫外总管府。

奇氏身陷险境，立即传令亲信到宫里挑选多名美女赠给孛罗帖木儿。美人计立即奏效，奇氏被释，返回皇宫。

不久，孛罗帖木儿的骄横渐渐让元惠宗不能忍受，元惠宗便同奇氏合谋，由奇氏设计将孛罗帖木儿骗入宫中杀掉，元

惠宗又下令召回皇太子。

奇氏派人给护送皇太子进京的扩廓帖木儿发去密信，要他拥重兵入城，逼元惠宗禅位。扩廓帖木儿也不愿意参与此事，离京三十里就将自己的军队遣返，只带少数侍卫护送皇太子进城。

奇氏的图谋再次失败，又恨上了扩廓帖木儿。扩廓帖木儿对她母子的好处，她统统不顾了。

扩廓帖木儿被封为太尉、左丞相等要职，但他不愿在京城这个是非之地久留，仅过了两个月就自请出京了。

这时，江淮一带的农民起义军已经壮大起来，元惠宗急令皇太子领兵前去征讨。

不料，皇太子在母亲的教育下，

竟将扩廓帖木儿当成了头号大敌，根本不管起义军，一出京就杀向太原去了。

元朝各路兵马将内战越打越大，朱元璋在他们的眼皮底下将南方的割据势力一一削平，又杀了小明王，准备做皇帝了。

至正二十五年（1365年）八月，皇后伯颜忽都去世。同年十二月，奇氏终于登上了她梦寐以求的正后宝座。

奇氏数度逼宫，威胁皇帝禅位，居然还能正位中宫，元惠宗的肚量可谓大了。但是，奇氏虽然正位中宫，三年后元朝就灭亡了。

至正二十八年（1368年）正月，朱元璋称帝，建立明朝，开始北伐，

命大将徐达率军进攻大都。

闰七月初一，徐达率军二十万渡过黄河，向北挺进，一路摧枯拉朽，如风卷残云，锐不可当。七月二十五日，徐达抵达通州（今北京通县），大都东边的门户被打开了。

七月二十八日，元惠宗在清宁殿召集后妃和太子，宣布要逃回蒙古老家。宦官伯颜不花进谏说："陛下宜固守京都，臣等愿募集兵民，出城拒战。"元惠宗不听，伯颜不花大哭道："天下是世祖的天下，陛下当以死固守，奈何轻去？"元惠宗听了大为不快，拂袖而去。

随后，元惠宗又在端明殿召见群臣，名为商议

对策,实际上是安排撤退,为逃跑做准备。左丞相失烈门、知枢密院事黑厮等力劝元惠宗固守京城,元惠宗不肯听从。当晚三鼓时分,元惠宗携后妃和太子出了建德门,由居庸关逃往上都。

八月初二,徐达率军进入大都,结束了元朝在中原的统治。

洪武三年(1370年)四月,元惠宗病死于应昌(今内蒙古克什克腾旗西达来诺尔附近)。由于元惠宗顺应历史大潮,放弃大都不作抵抗,创造了中国历史上前朝政权全身而退的奇迹,所以朱元璋在他死后送给他一个谥号:元顺帝。

元惠宗太子退回漠北后,长期活动在我国北方地区,史称他的政权为"北元"。北元共历

六帝，持续了34年。

建文四年（1402年），鞑靼领袖鬼力赤杀了北元最后一位皇帝，自称可汗，将国号改为鞑靼。至此，元朝彻底灭亡了。

综上所述，后九帝都是忽必烈太子真金的后代，有的是他的孙子，有的是他的曾孙。虽然同是一个祖父的后代，却因为争抢帝位而纷争不已，甚至互相残杀。

在后九帝中，凡是亲政的，无不励精图治，进取不已，但元朝很快便在他们手中灭亡了。究其原因，在于元朝执行了错误的民族政策。在元朝统治下，人分四等。处于三四等的汉人和南人等同奴隶，无时无刻不想推翻元朝。当他们的力量凝聚得如日中天时，蒙古高原上那点残年积雪又算得了什么呢！